Unsere Buch-Empfehlungen für Sie

Computing

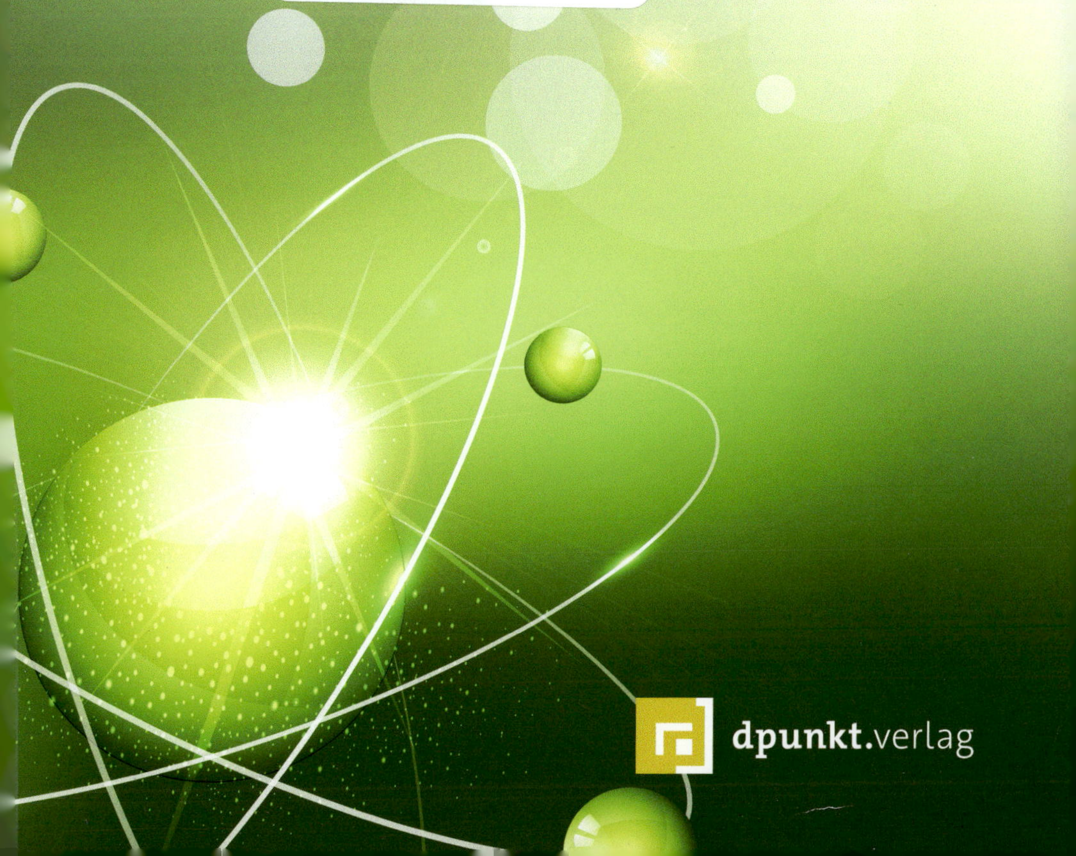

dpunkt.verlag

Stand: 01/2017

M. Inden

Der Weg zum Java-Profi

Konzepte und Techniken für die professionelle Java-Entwicklung

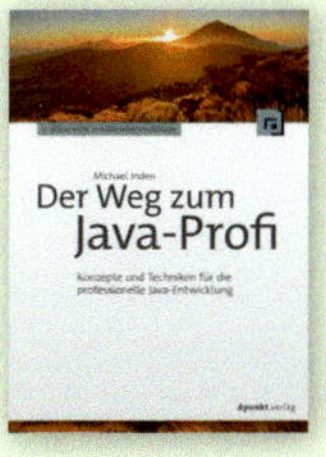

Das Buch bietet eine umfassende Einführung in die professionelle Java-Entwicklung und vermittelt Ihnen alles, um stabile und erweiterbare Softwaresysteme auf Java-SE-Basis zu bauen. Praxisnahe Beispiele helfen, das Gelernte rasch umzusetzen. Die Neuauflage wurde durchgehend überarbeitet und auf Java 8 erweitert.

3., aktualisierte und überarbeitete Auflage
2015, 1418 Seiten, Festeinband, € 49,90 (D)
ISBN 978-3-86490-203-1

M. Inden

Der Java-Profi: Persistenzlösungen und REST-Services

Datenaustauschformate, Datenbankentwicklung und verteilte Anwendungen

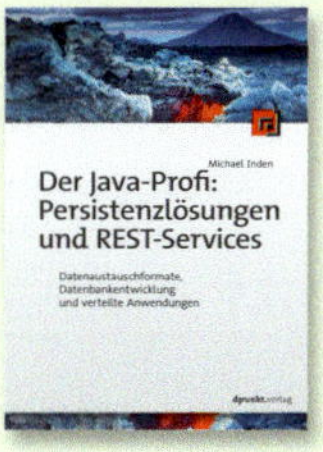

Sie erhalten eine fundierte Einführung in die Persistenz mit Java, SQL, JDBC und JPA, um per JDBC oder JPA mit einer Datenbank zu kommunizieren. Die Bereitstellung von Daten im Netzwerk wird auf Basis der RESTful Webservices und anhand der Programmierung einer Client-Server-Applikation gezeigt.

2016, 404 Seiten, Broschur, € 36,90 (D)
ISBN 978-3-86490-374-8

Openbook zum Thema:
www.dpunkt.de/s/nbn

J. Hettel · M.-T. Tran

Nebenläufige Programmierung mit Java

Konzepte und Programmiermodelle für Multicore-Systeme

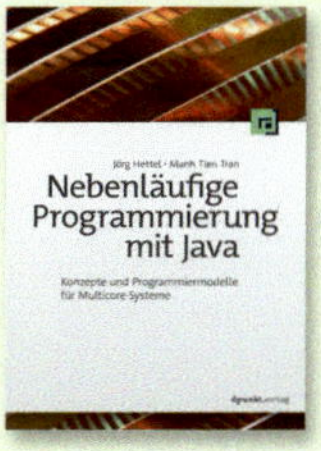

In dieser umfassenden Einführung stehen neben den Basiskonzepten die modernen Synchronisations- und Parallelisierungskonzepte, wie das Fork-Join-Framework und die mit Java 8 eingeführten parallelen Streams und CompletableFutures, sowie der sichere Umgang mit Threads im Fokus. Viele konkrete Beispiele zeigen die Anwendung in der Praxis.

2016, 378 Seiten, Broschur, € 34,90 (D)
ISBN 978-3-86490-369-4

Bestseller in der
5. Auflage

H. Mössenböck

Sprechen Sie Java?

Eine Einführung in das systematische Programmieren

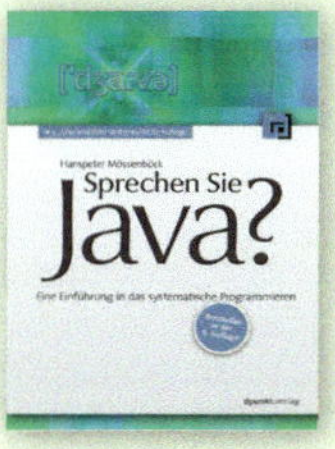

Dieses Buch zeigt von Grund auf, wie man Software systematisch entwickelt. Es beschreibt Java in allen Einzelheiten und vermittelt darüber hinaus allgemeine Programmiertechniken: algorithmisches Denken, systematischer Programmentwurf, moderne Softwarekonzepte und Programmierstil.

5., überarbeitete und erweiterte Auflage
2014, 360 Seiten, Broschur, € 29,90 (D)
ISBN 978-3-86490-099-0

M. Inden

Java 9 – Die Neuerungen

Syntax- und API-Erweiterungen und Modularisierung im Überblick

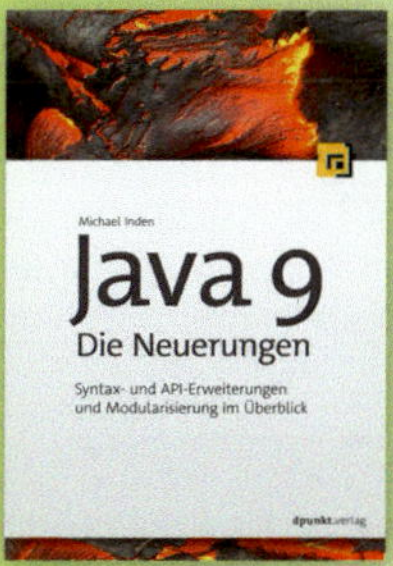

Das Buch bietet einen fundierten Überblick über die Neuerungen in JDK 9. Einen weiteren Schwerpunkt bilden die Erweiterungen in diversen APIs, etwa in den Klassen Optional und Stream. Im Bereich Concurrency wurde die Klasse CompletableFuture ergänzt und Reactive Streams werden unterstützt.

3. Quartal 2017, ca. 360 Seiten, Broschur, ca. € 24,90 (D)
ISBN 978-3-86490-451-6

K. Spichale

API-Design

Praxishandbuch für Java- und Webservice-Entwickler

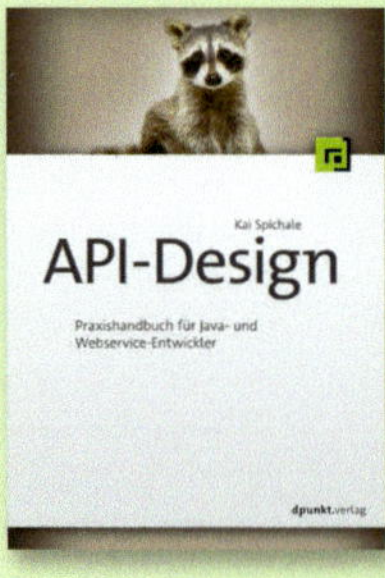

Mit APIs bzw. Schnittstellen zum Zweck der Arbeitsteilung, Wiederverwendung oder Modularisierung haben Entwickler täglich zu tun. Dieses Buch zeigt, was gute APIs ausmacht. Nach der erfolgreichen Lektüre können Sie APIs für Softwarekomponenten und Webservices entwerfen, dokumentieren und anpassen.

2017, 370 Seiten, Broschur, € 34,90 (D)
ISBN 978-3-86490-387-8

A. Spillner · U. Breymann

Lean Testing für C++-Programmierer

Angemessen statt aufwendig testen

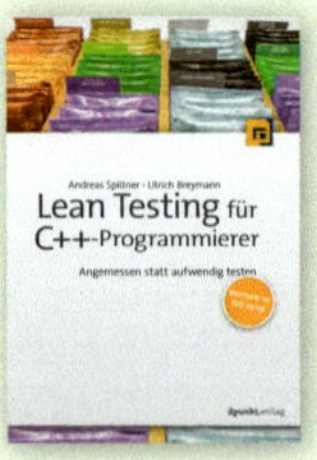

Jeder Entwickler testet die von ihm programmierte Software, bevor er diese eincheckt. Die Autoren präsentieren dem C++-Entwickler unterschiedliche Standardtestverfahren mit vielen praktischen Beispielen. Sie geben ihm Hinweise für die Nutzung der Verfahren und einen Leitfaden für deren Einsatz. Die C++-Beispiele verwenden verschiedene Werkzeuge und sind im Netz verfügbar.

2016, 246 Seiten, Broschur, € 29,90 (D)
ISBN 978-3-86490-308-3

A. Sweigart

Routineaufgaben mit Python automatisieren

Praktische Programmierlösungen für Einsteiger

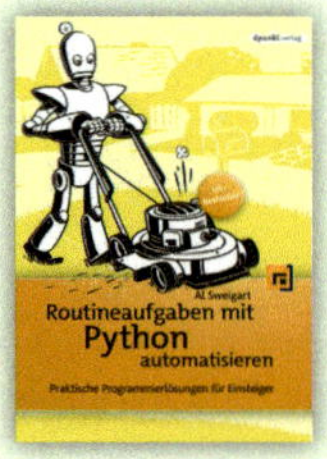

Das Web durchsuchen, Dateien umbenennen oder automatisch Mails verschicken: In diesem Buch lernen Sie, wie Sie mit Python Aufgaben erledigen, die sonst Stunden benötigen. Wenn Sie die Grundlagen gemeistert haben, werden Sie Programme schreiben, die automatisch viele praktische Arbeiten erledigen.

2016, 576 Seiten, Broschur, € 29,90 (D)
ISBN 978-3-86490-353-3

H. Mössenböck

Kompaktkurs C# 6.0

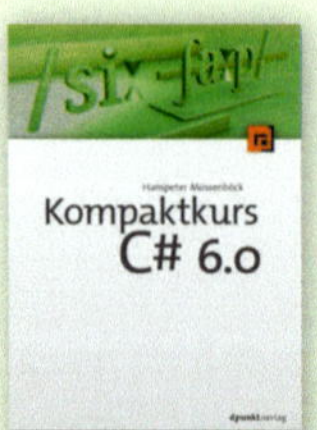

Dieses Buch beschreibt in kompakter Form den gesamten Sprachumfang von C# 6.0. Es richtet sich an Leser, die bereits Erfahrung mit einer anderen Programmiersprache wie Java oder C++ haben und sich rasch in C# einarbeiten wollen, um damit produktiv zu werden. Mit zahlreichen Beispielen und weit über 100 Übungsaufgaben mit Musterlösungen.

2016, 330 Seiten, Broschur, € 29,90 (D)
ISBN 978-3-86490-377-9

J. Quade · E.-K. Kunst

Linux-Treiber entwickeln

Eine systematische Einführung in die Gerätetreiber- und Kernelprogrammierung – jetzt auch für Raspberry Pi

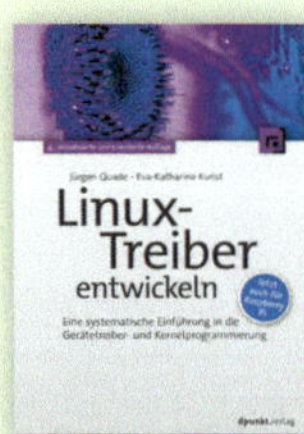

Dieses Buch bietet einen fundierten Einstieg in den Linux-Kernel mit einem Schwerpunkt auf der Entwicklung von Gerätetreibern.
Die 4. Auflage wurde durchgehend auf den Kernel 4 aktualisiert und behandelt nun auch die Kernelcode-Entwicklung für eingebettete Systeme, insbesondere den Raspberry Pi.

4., aktualisierte und erweiterte Auflage
2016, 688 Seiten, Festeinband, € 49,90 (D)
ISBN 978-3-86490-288-8

R. Preißel · B. Stachmann

Git

Dezentrale Versionsverwaltung im Team
Grundlagen und Workflows

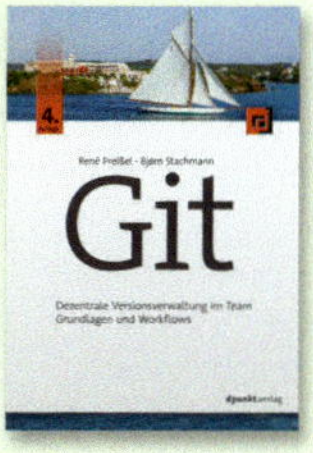

Nach einer kompakten Einführung in die wichtigen Konzepte und Befehle von Git beschreiben die Autoren ausführlich deren Anwendung in typischen Workflows, z.B. »Mit Feature-Branches entwickeln«, »Ein Release durchführen« oder »Große Projekte aufteilen«. Neu: Continuous Delivery und parallele Releases.

4., aktualisierte und erweiterte Auflage
2. Quartal 2017, ca. 348 Seiten, Broschur, ca. € 32,90 (D)
ISBN 978-3-86490-452-3

C. Bleske

iOS-Apps programmieren mit Swift

Der leichte Einstieg in die Entwicklung für iPhone, iPad und Co. – inkl. Apple Watch und Apple TV

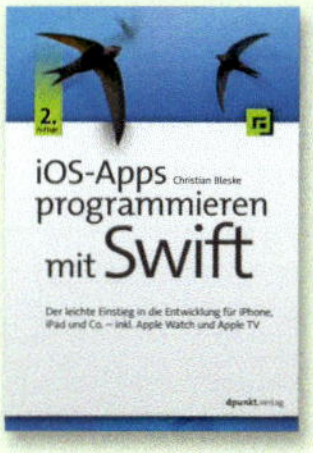

Wer heute in die Entwicklung von Apps für iPhone, iPad und Co. einsteigen möchte, der sollte nicht mehr mit Objective-C, sondern mit Swift beginnen. Christian Bleske zeigt in diesem Buch anhand praktischer Beispiele, wie das geht. Für alle, die bald ihre erste eigene App starten wollen.

2., aktualisierte und erweiterte Auflage
2017, 486 Seiten, Broschur, € 29,90 (D)
ISBN 978-3-86490-438-7

D. Cameron

HTML5, JavaScript und jQuery

Der Crashkurs für Softwareentwickler

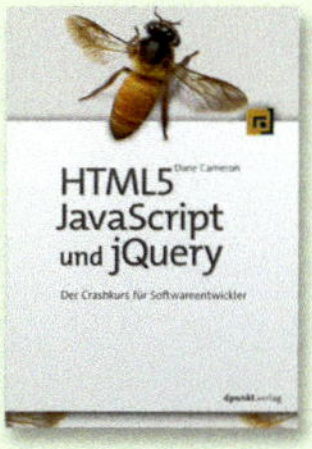

Mit diesem Buch lernen Sie zügig und praxisnah, was Sie zur Entwicklung von Webanwendungen mit HTML5, JavaScript und jQuery wissen müssen. Geschrieben von einem Entwickler für Entwickler, vermittelt es die relevanten Konzepte und ihre Anwendung direkt anhand eines Beispielprojekts, ganz ohne theoretischen Ballast.

2015, 288 Seiten, Broschur, € 29,90 (D)
ISBN 978-3-86490-268-0

A. Epple

JavaFX 8

Grundlagen und fortgeschrittene Techniken

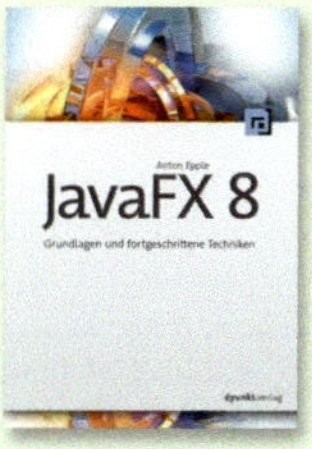

Schritt für Schritt zeigt Ihnen Anton Epple, wie Sie eine erste JavaFX-Anwendung bauen, wie Sie das eigene Datenmodell in der Oberfläche darstellen und editierbar machen und wie Sie die Anwendung mit JavaFX-Features anreichern, um ein modernes und ansprechendes User Interface zu erhalten.

2015, 296 Seiten, Broschur, € 34,90 (D)
ISBN 978-3-86490-169-0

E. Matthes

Python Crashkurs

Eine praktische, projektbasierte Programmiereinführung

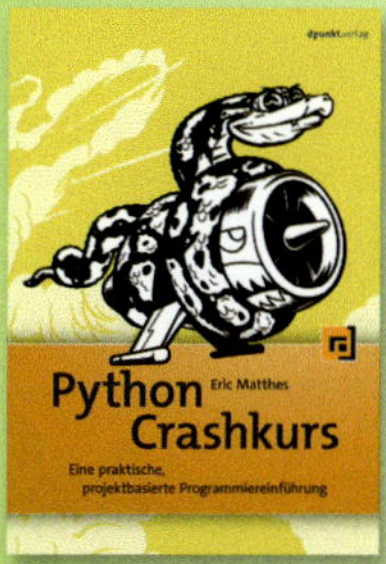

Zunächst werden Sie mit grundlegenden Programmierkonzepten wie Listen, Wörterbücher, Klassen und Schleifen vertraut gemacht. Sie erlernen das Schreiben von sauberem Code und wie Sie ihn sicher testen. In der zweiten Hälfte des Buches werden Sie Ihr neues Wissen mit drei praxisnahen Projekten umsetzen.

2017, ca. 620 Seiten, Broschur, ca. € 34,90 (D)
ISBN 978-3-86490-444-8

O. Zeigermann · N. Hartmann

React

Die praktische Einführung in React, React Router und Redux

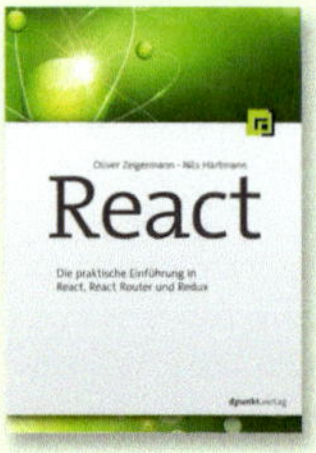

React ist das neue UI-Framework für JavaScript. Lernen Sie in diesem Buch, wie Sie mit React wiederverwendbare UI-Komponenten entwickeln, wie Sie per Flux-Architektur aus Komponenten Anwendungen zusammenbauen und wie Sie native React-Anwendungen programmieren.

2016, 342 Seiten, Broschur, € 32,90 (D)
ISBN 978-3-86490-327-4

J. Jacobsen

Website-Konzeption

Erfolgreiche Websites planen, umsetzen und betreiben

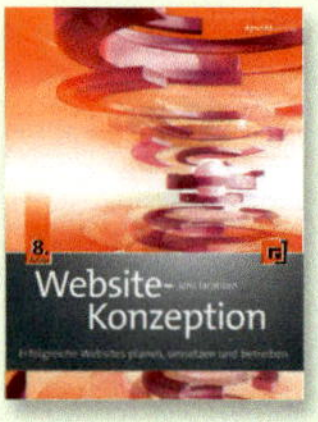

In seinem erfolgreichen Klassiker zur Website-Konzeption vermittelt Jens Jacobsen Ihnen, wie Sie eine Website planen, konzipieren, umsetzen und betreiben. Ob Sie alles selbst machen oder mit Agenturen und/oder Auftragnehmern arbeiten – Sie sehen, wie Sie schon in der Konzeptionsphase Fehler vermeiden, die später nur schwer zu korrigieren sind.

8., aktualisierte Auflage
1. Quartal 2017, ca. 488 Seiten, Broschur, ca. € 39,90 (D)
ISBN 978-3-86490-427-1

F. Hopf

Elasticsearch

Ein praktischer Einstieg

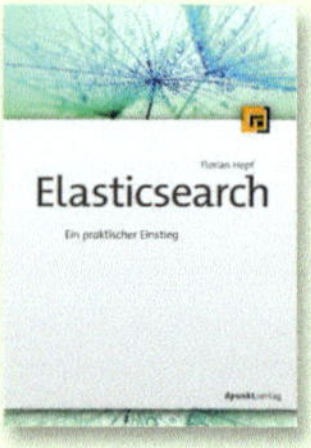

Nach einem einführenden Kapitel, in dem eine klassische Suchanwendung von Grund auf mit Elasticsearch aufgebaut wird, beleuchtet Florian Hopf im Folgenden unterschiedliche Aspekte genauer, u.a. Umgang mit Textdaten, Relevanz in Suchergebnissen, Indizierung, Datenverteilung, Logfile-Analyse.

2016, 262 Seiten, Broschur, € 32,90 (D)
ISBN 978-3-86490-289-5

M. Splitt

Web Components mit Polymer

Modulare Webanwendungen entwickeln mit dem Web-Components-Framework

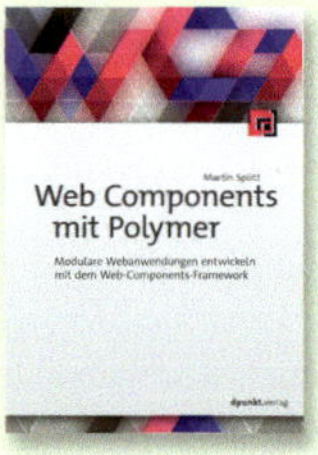

Dieses Buch bietet einen anschaulichen Einstieg in Web Components und das Polymer-Framework. Martin Splitt trennt beide Themen didaktisch, sodass der Leser Web Components grundlegend versteht und darauf aufbauend die Vereinfachungen durch Polymer effizient einsetzen kann.

1. Quartal 2017, ca. 250 Seiten, Broschur, ca. € 29,90 (D)
ISBN 978-3-86490-386-1

G. Woiwode · F. Malcher · D. Koppenhagen · J. Hoppe

Angular

Einstieg in die komponentenbasierte Entwicklung von Web- und Mobile-Anwendungen

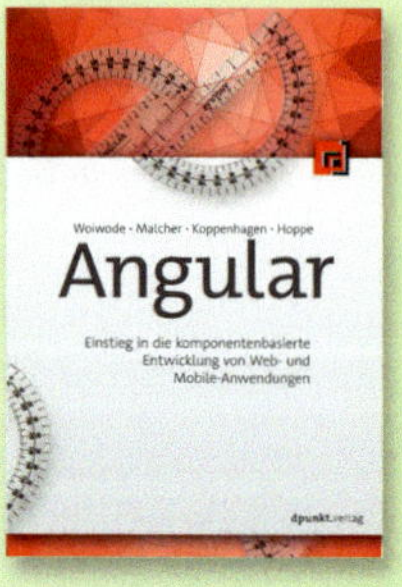

Suchen Sie einen Schnelleinstieg in das populäre JavaScript-Framework von Google? Dieses Buch führt Sie anhand eines Beispielprojekts schrittweise an die Entwicklung heran und vermittelt, wie Sie strukturierte und modularisierte Single-Page-Anwendungen mit dem neuen Angular programmieren.

1. Quartal 2017, ca. 350 Seiten, Broschur, ca. € 32,90 (D)
ISBN 978-3-86490-357-1

M. Schmidt

Microsoft® SharePoint 2016®

Das Praxisbuch für Anwender

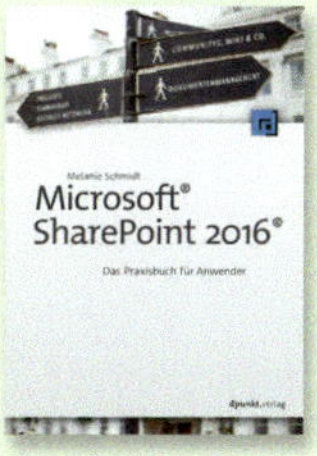

Von der Einführung der Technik bis zum Managen eines SharePoint-Projekts erklärt Ihnen dieses Buch, wie Sie SharePoint 2016 effektiv einsetzen. Die vielen praxisnahen Beispiele orientieren sich an Projekt- und Abteilungsanforderungen, sodass Sie Ihre eigenen Projekte schnell umsetzen können.

2016, 490 Seiten, Festeinband, € 36,90 (D)
ISBN 978-3-86490-409-7

aktuell zum Anniversary-Update

N. Muir Boysen

Windows 10 – Auf einen Blick

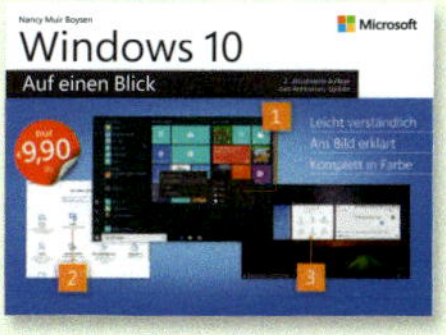

Bild für Bild und komplett in Farbe erklärt Ihnen dieses Buch, wie Sie typische Aufgaben mit Windows 10 erledigen. Dabei wird jede Aufgabe auf maximal einer Doppelseite dargestellt – mit nummerierten Schritten und in verständlicher Sprache.

2., aktualisierte Auflage
2017, 314 Seiten, Broschur, € 9,90 (D)
ISBN 978-3-86490-422-6 (Microsoft Press)

F. Arendt-Theilen et al.

Microsoft Excel 2016 – Das Handbuch

Von den Grundlagen der Tabellenkalkulation bis zu PivotTable und Power Query inkl. Add-Ins und Makros

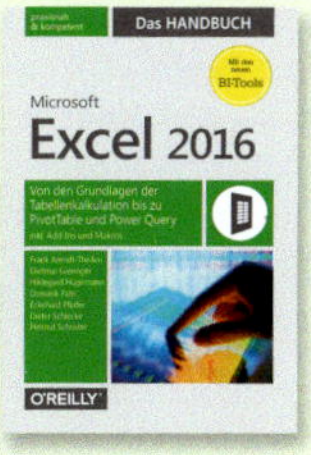

Sie möchten den Leistungsumfang von Excel 2016 voll nutzen und die Tabellenkalkulation wie ein Profi einsetzen? Mit über 1000 Seiten und einem Autorenteam aus sieben hochkarätigen Excel-Experten bietet Ihnen dieses Handbuch umfangreiches Praxis-Know-how zu allen relevanten Excel-Themen.

1. Quartal 2017, ca. 1008 Seiten, Festeinband, ca. € 49,90 (D)
ISBN 978-3-96009-039-7 (O'Reilly)

H. Schuster

Microsoft Excel Pivot-Tabellen: Das Praxisbuch

Ideen und Lösungen für die Datenanalyse mit PivotTables und PivotCharts mit intensivem Einstieg in PowerPivot für Version 2010, 2013 und 2016

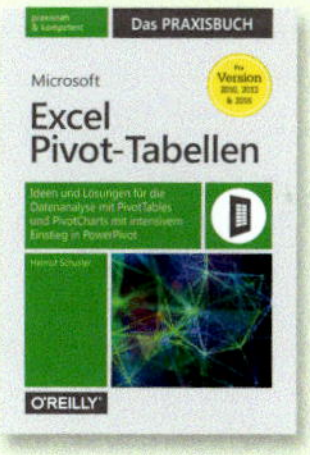

Für die Analyse größerer Datenmengen in Excel sind PivotTables ein besonders leistungsfähiges Werkzeug. Das Buch zeigt, wie Sie bei Ihrer täglichen Arbeit von PivotTables profitieren können. Anhand praktischer Beispiele wie der Projektfinanzsteuerung oder der Kostenstrukturanalyse lernen Sie Pivot-Tables und Pivot-Charts erfolgreich in Excel 2010-2016 einzusetzen.

1. Quartal 2017, ca. 350 Seiten, Festeinband, ca. € 29,90 (D)
ISBN 978-3-96009-046-5 (O'Reilly)

E. Bott · C. Siechert · C. Stinson

Windows 10 für Experten

Insider-Wissen – praxisnah & kompetent

aktuell zum Anniversary-Update

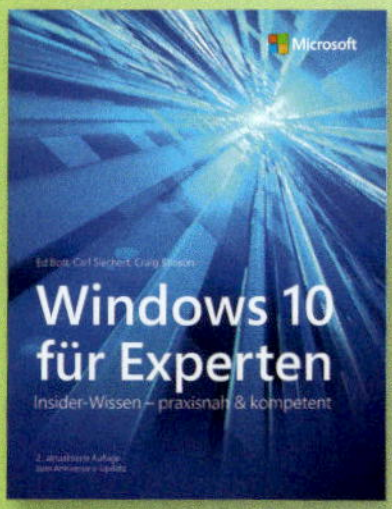

Geschrieben von einem Expertenteam erklärt Ihnen dieses Buch alles, was Sie über Windows 10 wissen müssen: von der Verwendung des neuen Browsers Edge über Sicherheitsfragen bis zum fortgeschrittenen System-Management, mit vielen zeitsparenden Lösungen und Tipps und aktuell zum Anniversary-Update.

2., aktualisierte Auflage
2017, ca. 900 Seiten, Festeinband, ca. € 36,90 (D)
ISBN 978-3-86490-418-9 (Microsoft Press)

M. Winter · T. Roßner · C. Brandes · H. Götz

Basiswissen modellbasierter Test

Aus- und Weiterbildung zum ISTQB® Foundation Level – Certified Model-Based Tester

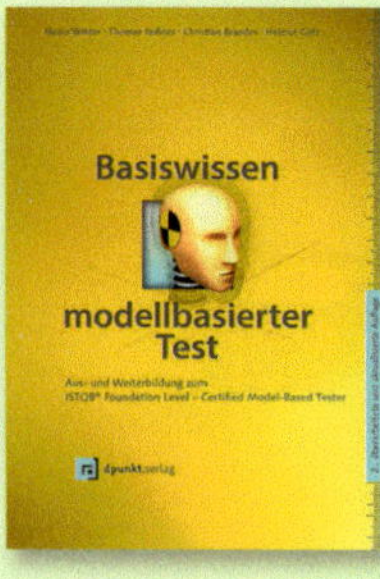

Modellbasiertes Testen umfasst die Erstellung und Nutzung von Modellen für die Systematisierung, Formalisierung und Automatisierung von Testaktivitäten. Dieses Buch vermittelt die Grundlagen und gibt einen fundierten Überblick über den modellbasierten Testprozess. Die 2. Auflage ist konform zum ISTQB-Lehrplan Foundation Level Extension »Model-Based Tester«.

2., vollständig überarbeitete und aktualisierte Auflage
2016, 474 Seiten, Festeinband, € 44,90 (D)
ISBN 978-3-86490-297-0

A. Spillner · T. Linz

Basiswissen Softwaretest

Aus- und Weiterbildung zum Certified Tester – Foundation Level nach ISTQB-Standard

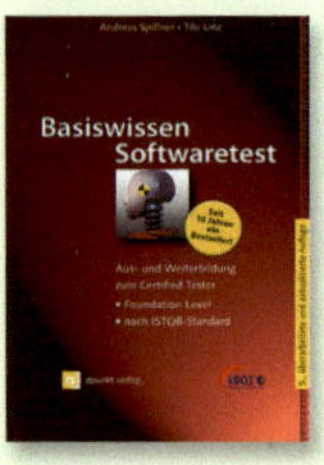

Das Buch umfasst den benötigten Stoff zum Ablegen der Prüfung »Certified Tester« (Foundation Level) nach dem Standard des International Software Testing Qualifications Board (ISTQB) und ist auch für das Selbststudium geeignet. Die 5. Auflage ist konform zur aktuellen deutschen Ausgabe des ISTQB-Lehrplans Version 2011.

5., überarbeitete und aktualisierte Auflage
2012, 312 Seiten, Festeinband, € 39,90 (D)
ISBN 978-3-86490-024-2

A. Spillner · T. Roßner · M. Winter · T. Linz

Praxiswissen Softwaretest – Testmanagement

Aus- und Weiterbildung zum Certified Tester – Advanced Level nach ISTQB-Standard

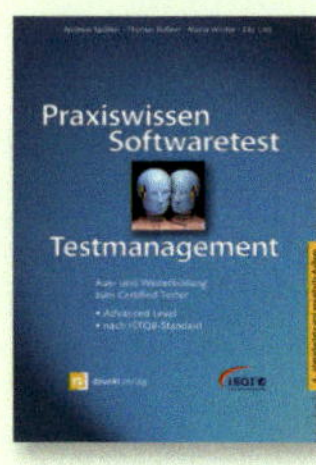

In diesem Buch werden Grundlagen, praxiserprobte Methoden und Techniken sowie die täglichen Aufgaben und Herausforderungen des Testmanagements vorgestellt und anhand eines durchgängigen Beispiels erläutert. Es umfasst den benötigten Stoff zum Ablegen der Prüfung Certified Tester – Advanced Level – Testmanager.

4., überarbeitete und erweiterte Auflage
2014, 506 Seiten, Festeinband, € 44,90 (D)
ISBN 978-3-86490-052-5

G. Bath · J. McKay

Praxiswissen Softwaretest – Test Analyst und Technical Test Analyst

Aus- und Weiterbildung zum Certified Tester – Advanced Level nach ISTQB-Standard

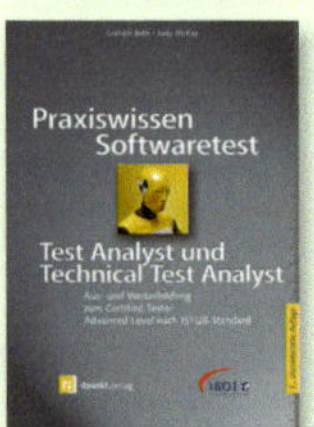

Das Buch deckt sowohl funktionale als auch technische Aspekte des Softwaretestens ab und vermittelt damit das notwendige Praxiswissen für Test Analysts und Technical Test Analysts – beides entscheidende Rollen in Testteams. Es umfasst den benötigten Stoff zum Ablegen der Prüfung Certified Tester – Advanced Level – TA/TTA.

3., überarbeitete Auflage
2015, 588 Seiten, Festeinband, € 44,90 (D)
ISBN 978-3-86490-137-9

T. Bucsics · M. Baumgartner · R. Seidl · S. Gwihs

Basiswissen Testautomatisierung

Konzepte, Methoden und Techniken

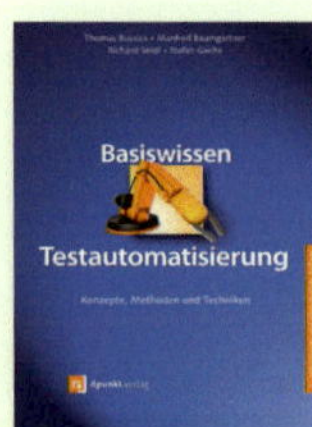

Das Buch beschreibt, wie Testautomatisierung mit Fokus auf den funktionalen Systemtest konzipiert und in bestehende Projekte und die Organisation eingegliedert wird. Die 2. Auflage vertieft neue Themen wie den automatisierten Test mobiler Applikationen und Service-Virtualisierung.

2., aktualisierte und überarbeitete Auflage
2015, 292 Seiten, Festeinband, € 34,90 (D)
ISBN 978-3-86490-194-2

M. Tamm

JUnit-Profiwissen

Effizientes Arbeiten mit der Standardbibliothek für automatisierte Tests in Java

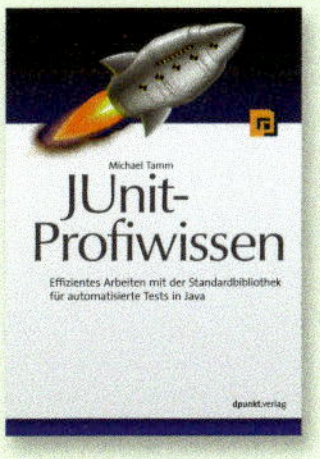

Dieses Buch bietet Ihnen Grundlagen- und Expertenwissen für das effiziente Entwickeln automatisierter Tests in Java mit JUnit. Es gibt einen kompakten Überblick über alle Features von JUnit und zeigt, wann Sie diese sinnvoll einsetzen können. Auch Open-Source-Bibliotheken wie Mockito und FEST werden behandelt.

2014, 370 Seiten, Broschur, € 34,90 (D)
ISBN 978-3-86490-020-4

K. Blokland · J. Mengerink · M. Pol · D. Rubruck

Cloud-Services testen

Von der Risikobetrachtung zu wirksamen Testmaßnahmen

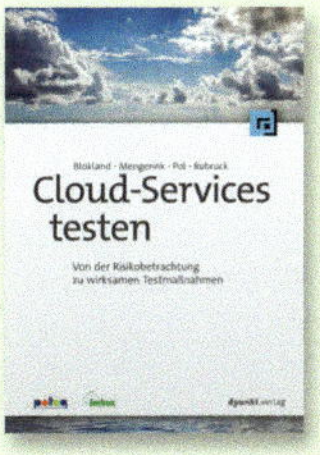

Dieses Buch gibt einen strukturierten Überblick, wie Cloud-Services getestet und wie sie für den Test verwendet werden können. Die Autoren behandeln die verschiedenen Arten von Risiken, wie Sicherheits- und Performanzrisiken, die bei der Implementierung von Cloud-Services auftreten, und beschreiben Testmaßnahmen, die geeignet sind, diese zu minimieren.

2016, 186 Seiten, Festeinband, € 29,90 (D)
ISBN 978-3-86490-349-6

S. Grünfelder

Software-Test für Embedded Systems

Ein Praxishandbuch für Entwickler, Tester und technische Projektleiter

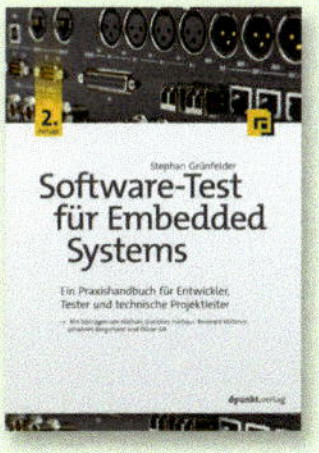

Dieses Buch vermittelt die wichtigsten praxistauglichen Methoden des Softwaretests für Embedded Systems und zeigt, wie sie sich in ein planungsgesteuertes bzw. agiles Projekt eingliedern lassen. Es bietet Beispiele und Erfahrungsberichte sowie Bewertungen von Testmethoden und Testwerkzeugen.

2. aktualisierte Auflage
2. Quartal 2017, ca. 390 Seiten, Broschur, ca. € 44,90 (D)
ISBN 978-3-86490-448-6

M. Daigl · R. Glunz

ISO 29119

Die Softwaretest-Normen verstehen und anwenden

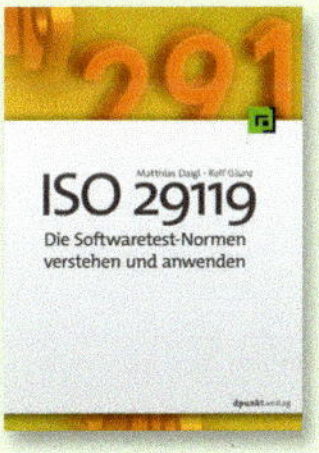

Die ISO/IEC/IEEE 29119 stellt eine neue Normenreihe für Softwareprüfungen dar, die Vokabular, Prozesse, Dokumentation und Techniken für Softwaretesten beschreibt. Das Buch gibt eine praxisorientierte Einführung und einen fundierten Überblick über diese Normen und zeigt insbesondere die Umsetzung der Anforderungen aus der ISO 29119 hinsichtlich der Testaktivitäten auf.

2016, 264 Seiten, Festeinband, € 34,90 (D)
ISBN 978-3-86490-237-6

T. Linz

Testen in Scrum-Projekten
Leitfaden für Softwarequalität in der agilen Welt

Aus- und Weiterbildung zum ISTQB® Certified Agile Tester – Foundation Extension

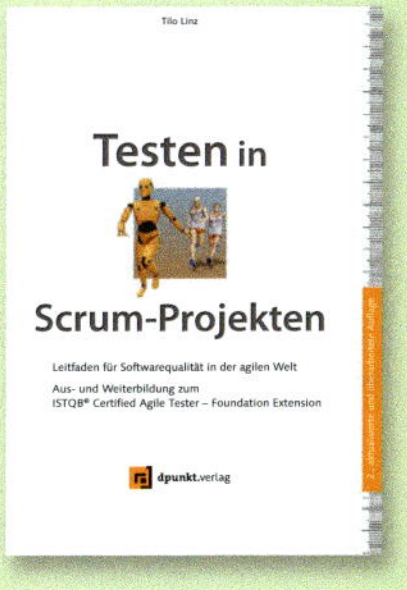

Entwicklungsleiter, Projektleiter, Testmanager und Qualitätsmanager erhalten in dem Buch Hinweise und Tipps, wie Testen und Qualitätssicherung in agilen Projekten erfolgreich organisiert werden können. Tester erfahren, wie sie in agilen Teams mitarbeiten und ihre Expertise optimal einbringen können. Die 2. Auflage ist konform zum ISTQB-Lehrplan Foundation Extension »Agile Tester«.

2., aktualisierte und überarbeitete Auflage
2017, 270 Seiten, Festeinband, € 34,90 (D)
ISBN 978-3-86490-414-1

D. Knott

Mobile App Testing

Praxisleitfaden für Softwaretester und Entwickler mobiler Anwendungen

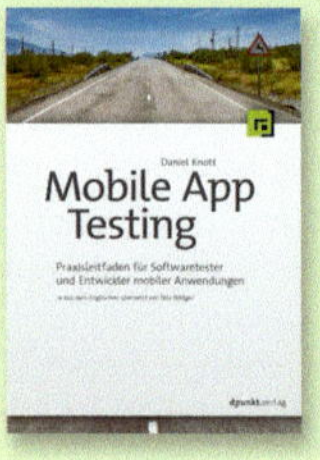

Das Buch bietet einen kompakten Einstieg in das Testen mobiler Anwendungen für die Android- und iOS-Plattform. Die App-spezifischen Testverfahren, Testautomatisierung und Werkzeuge werden ebenso behandelt wie Crowd-/Cloud-Testen, Test- und Veröffentlichungsstrategien sowie Businessmodelle für Apps.

2016, 256 Seiten, Broschur, € 29,90 (D)
ISBN 978-3-86490-379-3

G. Vollmer

Mobile App Engineering

Von den Requirements zum Go Live

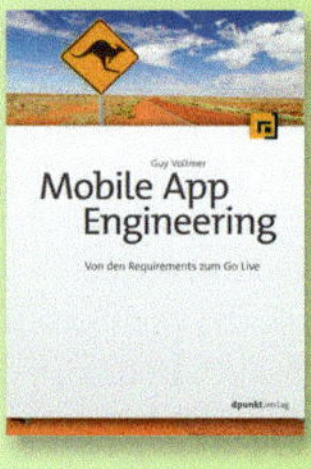

Der Autor beschreibt ein strukturiertes und systematisches Vorgehen zur Entwicklung mobiler Apps. Anhand eines durchgehenden Anwendungsbeispiels zeigt er, wie sämtliche Phasen des Softwarelebenszyklus mit geeigneten Methoden, Werkzeugen, Sprachen und Best Practices der Softwaretechnik durchzuführen sind, um hochqualitative Apps zu entwickeln.

1. Quartal 2017, ca. 250 Seiten, Broschur, ca. € 29,90 (D)
ISBN 978-3-86490-421-9

M. Gharbi · A. Koschel · A. Rausch · G. Starke

Basiswissen für Softwarearchitekten

Aus- und Weiterbildung nach iSAQB-Standard zum Certified Professional for Software Architecture – Foundation Level

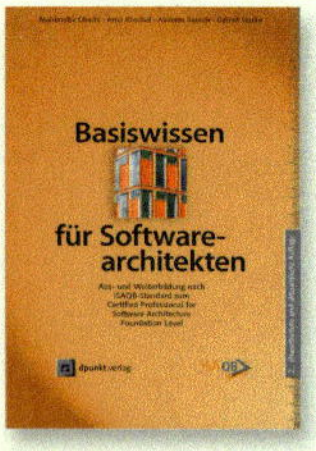

Dieses Buch vermittelt das nötige Grundlagenwissen, um eine dem Problem angemessene Softwarearchitektur für Systeme zu entwerfen. Es behandelt die wichtigen Begriffe und Konzepte der Softwarearchitektur sowie deren Bezug zu anderen Disziplinen. Die 2. Auflage ist konform zum iSAQB-Lehrplan Version 2014.

2., überarbeitete und aktualisierte Auflage
2015, 220 Seiten, Festeinband, € 32,90 (D)
ISBN 978-3-86490-165-2

K. Pohl · C. Rupp

Basiswissen Requirements Engineering

Aus- und Weiterbildung nach IREB-Standard zum Certified Professional for Requirements Engineering Foundation Level

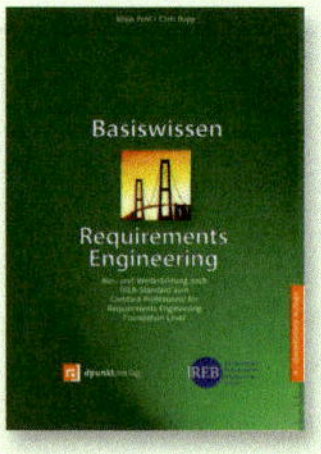

Dieses Lehrbuch für die Zertifizierung zum Foundation Level des CPRE umfasst Grundlagenwissen in den Gebieten Ermittlung, Dokumentation, Prüfung und Abstimmung, Verwaltung von Anforderungen sowie die Werkzeugunterstützung. Die 4. Auflage ist konform zum IREB-Lehrplan Foundation Level Version 2.2.

4., überarbeitete Auflage
2015, 192 Seiten, Festeinband, € 29,90 (D)
ISBN 978-3-86490-283-3

M. Müller · K. Hörmann · L. Dittmann · J. Zimmer

Automotive SPICE® in der Praxis

Interpretationshilfe für Anwender und Assessoren

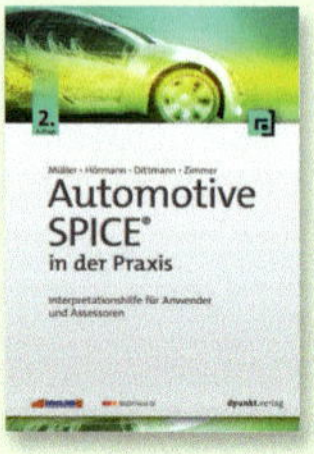

Die Herausforderung bei der Einführung und Umsetzung von Automotive SPICE besteht darin, die Norm richtig zu interpretieren und auf eine konkrete Problemstellung anzupassen. Dieses Buch gibt die dafür notwendigen Interpretationshilfen und unterstützt dabei, Prozessverbesserung Automotive SPICE-konform (Version 3.0) zu betreiben.

2., aktualisierte und erweiterte Auflage
2016, 418 Seiten, Festeinband, € 46,90 (D)
ISBN 978-3-86490-326-7

P. Metz

Automotive SPICE® Capability Level 2 und 3 in der Praxis

Prozessspezifische Interpretationsvorschläge

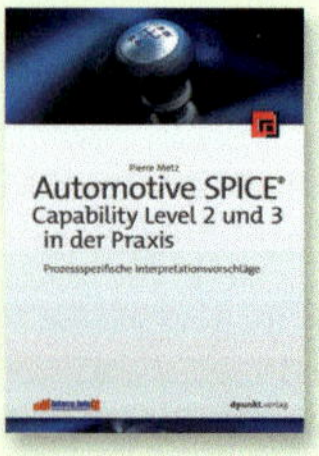

Automotive SPICE hat sich als Prozessmodell in der Automobilindustrie weltweit etabliert. Dieses Buch gibt einen praxisorientierten Überblick über den zweiten und dritten Prozessreifegrad des Modells und liefert prozessspezifische Interpretationshilfen der generischen Praktiken anhand konkreter Beispiele für die Anwendung in der Praxis.

2016, 286 Seiten, Festeinband, € 42,90 (D)
ISBN 978-3-86490-360-1

A. Mouat

Docker

Software entwickeln und deployen mit Containern

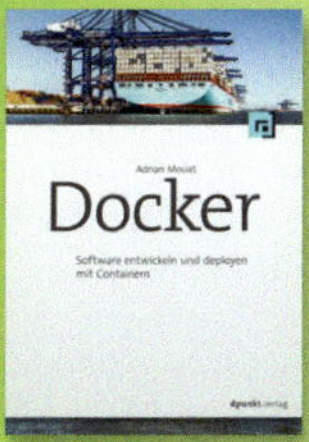

Dieses Buch »ist ein ins Detail gehender, praktischer Leitfaden für das Docker-Ökosystem, um containerisierte Microservice-Anwendungen aus Dev und Test in die Produktivumgebung zu bringen.« (Adrian Cockcroft, Technology Fellow, Battery Ventures). Für Entwickler und Administratoren.

2016, 368 Seiten, Broschur, € 36,90 (D)
ISBN 978-3-86490-384-7

C. Lilienthal

Langlebige Software-Architekturen

Technische Schulden analysieren, begrenzen und abbauen

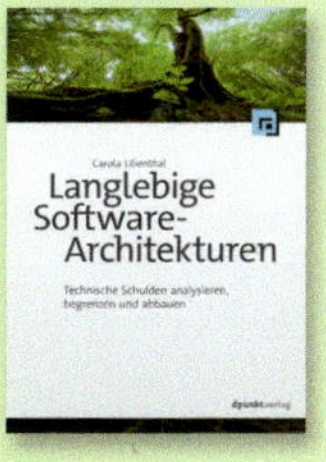

Die Autorin beschreibt, wie langlebige Softwarearchitekturen entworfen, umgesetzt und erhalten werden können. Dabei fließt ihre langjährige Erfahrung aus Architekturanalysen und -bewertung ein. Sie erörtert an Beispielen aus real existierenden Systemen, wie die typischen Fehler in Softwarearchitekturen aussehen und was sinnvolle Lösungen sind.

2016, 288 Seiten, Broschur, € 34,90 (D)
ISBN 978-3-86490-292-5

E. Wolff

Microservices

Grundlagen flexibler Softwarearchitekturen

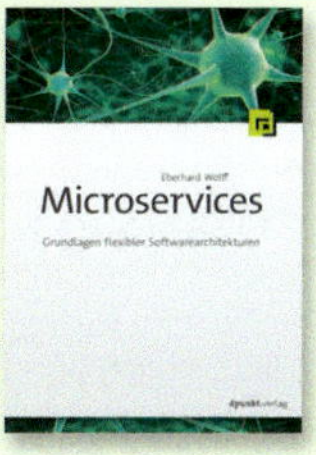

Eberhard Wolff bietet hier *»einen umfassenden und tiefen Einstieg«* (iX) in Microservices, inklusive deren Vor- und Nachteile. Dabei erklärt er die übergreifende Architektur von Microservices-Systemen, die Architektur einzelner Services und die Auswirkungen auf Projektorganisation, Deployment und Betrieb.

2016, 386 Seiten, Broschur, € 36,90 (D)
ISBN 978-3-86490-313-7

E. Wolff

Continuous Delivery

Der pragmatische Einstieg

Dieses Buch erläutert, wie eine Continuous-Delivery-Pipeline praktisch aufgebaut wird und welche Technologien dazu eingesetzt werden können. *»...angenehm praxisnah gehalten. Von der Lektüre profitieren Software-Entwickler und Betriebs-IT-Leute ebenso wie Manager.« (c't)*

2., aktualisierte und erweiterte Auflage
2016, 282 Seiten, Broschur, € 34,90 (D)
ISBN 978-3-86490-371-7

S. Tilkov · M. Eigenbrodt · S. Schreier · O. Wolf

REST und HTTP

Entwicklung und Integration nach dem Architekturstil des Web

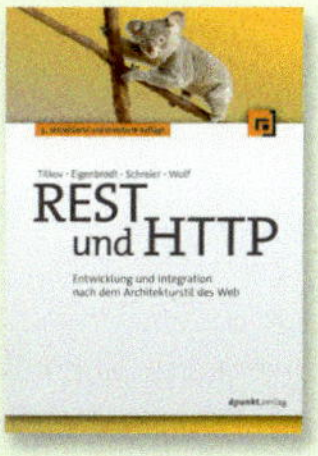

Das Buch erklärt den professionellen Einsatz von RESTful HTTP für Webanwendungen und -dienste. Es beschreibt den Architekturstil REST und seine Umsetzung im Rahmen der Protokolle des Web (HTTP, URIs u.a.). Neu ist u.a. die Behandlung von HAL, collection+json und Siren sowie das ROCA-Prinzip.

3., aktualisierte und erweiterte Auflage
2015, 330 Seiten, Broschur, € 37,90 (D)
ISBN 978-3-86490-120-1

V. Vernon

Domain-Driven Design kompakt

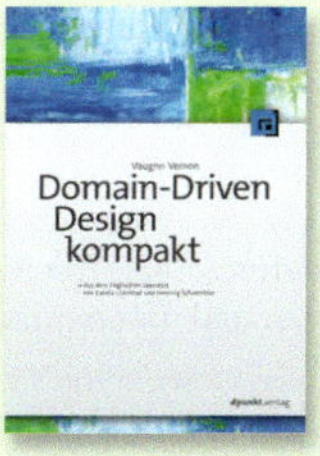

Dieses Buch bietet einen kompakten Einstieg in die wesentlichen DDD-Konzepte, wie Ubiquitous Language, Bounded Contexts, Aggregates, Entities und Subdomänen. Nach der Lektüre sind Sie in der Lage, in Projekten eine gemeinsame Sprache für Fachanwender und Entwickler auch über Teamgrenzen hinweg zu finden.

2. Quartal 2017, ca. 200 Seiten, Broschur, ca. € 32,90 (D)
ISBN 978-3-86490-439-4

J. Hoffmann · S. Roock

Agile Unternehmen

Veränderungsprozesse gestalten, agile Prinzipien verankern, Selbstorganisation und neue Führungsstile etablieren

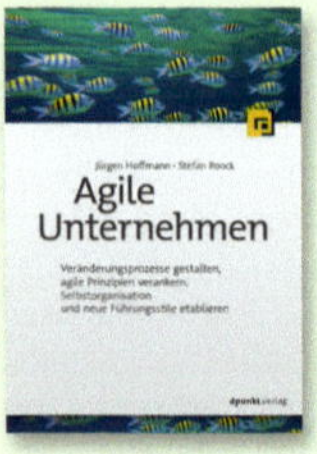

Agile Unternehmen agieren flexibler am Markt, entwickeln begeisternde Produkte und bieten Mitarbeitern sinnstiftendere Arbeitsplätze. Die Autoren beschreiben, was agile Unternehmen ausmacht, und bieten konkrete Praktiken an, mit denen das eigene Unternehmen schrittweise agiler gestaltet werden kann – mit vielen Fallbeispielen aus der Praxis.

3. Quartal 2017, ca. 250 Seiten, Broschur, ca. € 32,90 (D)
ISBN 978-3-86490-399-1

mit Poster »SAFe® 4.0 for Lean Software and Systems Engineering«

C. Mathis

SAFe – Das Scaled Agile Framework

Lean und Agile in großen Unternehmen skalieren
Mit einem Geleitwort von Dean Leffingwell

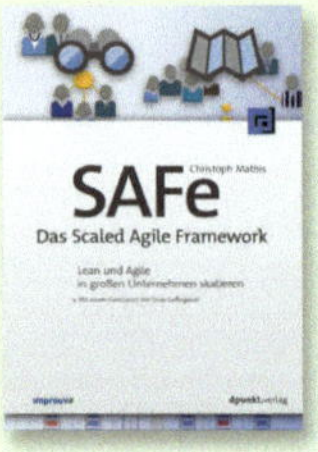

Dieses Buch gibt einen praxisorientierten Überblick über die Struktur, Rollen, Schlüsselwerte und Prinzipien von SAFe und führt den Leser im Detail durch die Ebenen des SAFe-4.0-Frameworks, die Portfolioebene, die Programmebene und die Wertstromebene. Dabei steht die Umsetzung in den agilen Teams im Vordergrund.

2016, 220 Seiten, Broschur, € 34,90 (D)
ISBN 978-3-86490-228-4

S. Röpstorff · R. Wiechmann

Scrum in der Praxis

Erfahrungen, Problemfelder und Erfolgsfaktoren

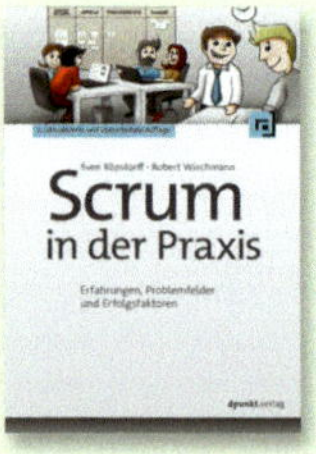

Anhand zahlreicher Praxisbeispiele erfährt der Leser, wie agile Softwareprojekte aufgesetzt und durchgeführt werden können, welche typischen Fehler dabei auftreten und wie diese zu vermeiden sind. Die 2. Auflage wurde um weitere Praxistipps ergänzt und auf Neuerungen im »Scrum Guide« aktualisiert.

2., aktualisierte und überarbeitete Auflage
2016, 368 Seiten, Festeinband, € 36,90 (D)
ISBN 978-3-86490-258-1

Kostenloser Scrum-Primer:
www.dpunkt.de/s/spm

S. Roock · H. Wolf

Scrum – verstehen und erfolgreich einsetzen

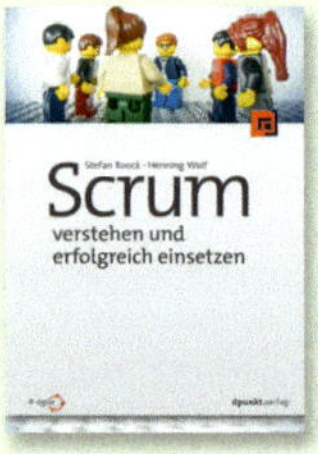

Die beiden Autoren beschreiben in kompakter Form die Scrum-Grundlagen und die hinter Scrum stehenden Werte und Prinzipien sowie die kontinuierliche Prozessverbesserung. Das Buch richtet sich an Leser, die bereits Erfahrung mit Softwareentwicklung haben und häufig auftretende Probleme mithilfe von Scrum besser lösen wollen, um produktiver zu werden.

2016, 234 Seiten, Broschur, € 29,90 (D)
ISBN 978-3-86490-261-1

C. Larman · B. Vodde

Large-Scale Scrum

Scrum erfolgreich skalieren mit LeSS

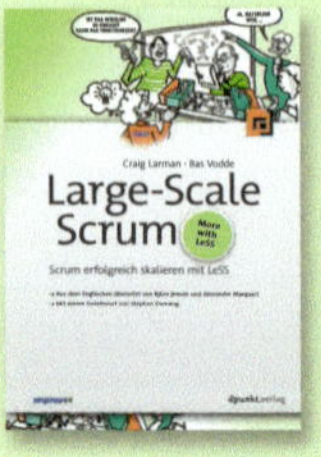

Das Skalierungsframework LeSS setzt auf Scrum auf und unterstützt Unternehmen dabei, Agilität über den gesamten Projektlebenszyklus hinweg zu skalieren: von der Sprint-Planung bis hin zur Retrospektive. Die Autoren zeigen, welche Anpassungen gegenüber Scrum im Kleinen für einen Einsatz im Großen notwendig sind und wie diese Anpassungen so minimal wie möglich gehalten werden können.

2017, 396 Seiten, Broschur, € 34,90 (D)
ISBN 978-3-86490-376-2

F.-U. Pieper · S. Roock

Agile Verträge

Vertragsgestaltung bei agiler Entwicklung für Projektverantwortliche

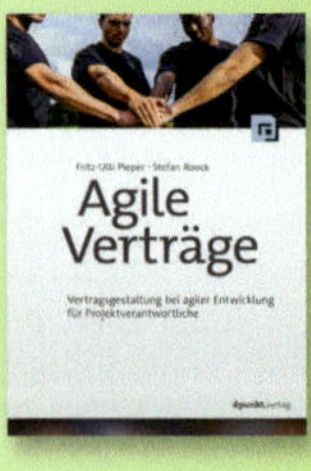

Die Autoren beschreiben die vertragsrechtlichen Grundlagen bei agiler Softwareentwicklung, die verschiedenen Varianten der Vertragsgestaltung sowie die einzelnen Vertragsformen mit ihren Eigenschaften, Funktionsweisen, Vorteilen und Risiken, wobei auch eine formalrechtliche Einordnung vorgenommen wird.

1. Quartal 2017, ca. 200 Seiten, Broschur, ca. € 29,90 (D)
ISBN 978-3-86490-400-4

U. Vigenschow · B. Schneider · I. Meyrose

Soft Skills für IT-Führungskräfte und Projektleiter

Softwareentwickler führen und coachen, Hochleistungsteams aufbauen

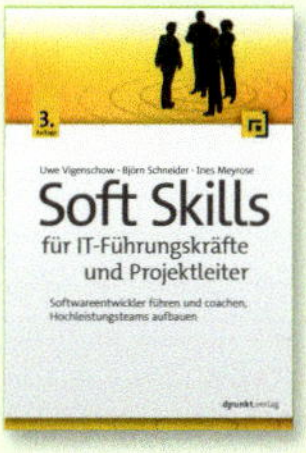

Die Autoren zeigen, was moderne Führung in den immer agiler werdenden Projekten bedeutet und wie das komplexe Miteinander funktionieren kann. Dazu werden die Mechanismen iterativen Vorgehens und des Lernens über Retrospektiven wie auch Techniken zur effizienten Gestaltung von Besprechungen erläutert. Die 3. Auflage wurde in vielen einzelnen Aspekten aktualisiert.

3., aktualisierte Auflage
2016, 368 Seiten, Broschur, € 36,90 (D)
ISBN 978-3-86490-395-3

V. Kotrba · R. Miarka

Agile Teams lösungsfokussiert coachen

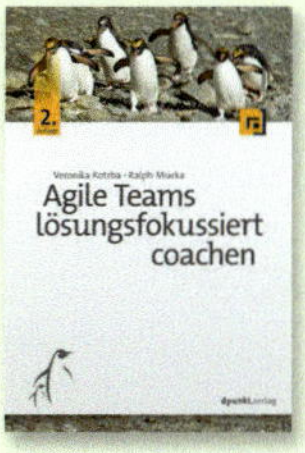

Selbstorganisation braucht Kooperation und Vertrauen. Wie können agile Teams zusammen wachsen? Wie kann Selbstorganisation gefördert werden? Das Buch vermittelt praxisnah Prinzipien und Techniken aus dem lösungsfokussierten Coaching und begleitet Sie mit vielen Tipps durch die Höhen und Tiefen des Teamalltags. Die 2. Auflage wurde u.a. um weitere Praxistipps ergänzt.

2., überarbeitete und erweiterte Auflage
1. Quartal 2017, ca. 252 Seiten, Broschur, ca. € 32,90 (D)
ISBN 978-3-86490-441-7

M. Burrows

Kanban

Verstehen, einführen, anwenden

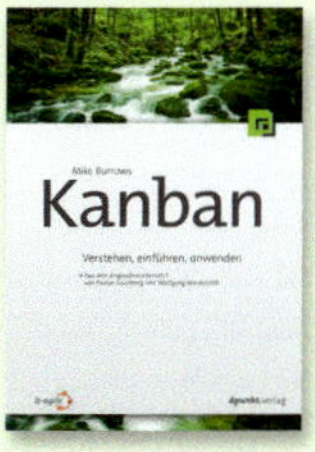

Mike Burrows beschreibt die Kanban-Methode anhand von neun Werten, wodurch er den Prinzipien und Praktiken Kanbans ein starkes Gerüst verleiht. Weiter werden neuere Konzepte wie die drei »Agenden« und die »Kanban-Linse« sowie die Implementierung von Kanban mittels STATIK (Systems Thinking Approach to Introducing Kanban) vorgestellt.

2015, 272 Seiten, Broschur, € 34,90 (D)
ISBN 978-3-86490-253-6

S. Kaltenecker

Selbstorganisierte Teams führen

Arbeitsbuch für Lean & Agile Professionals

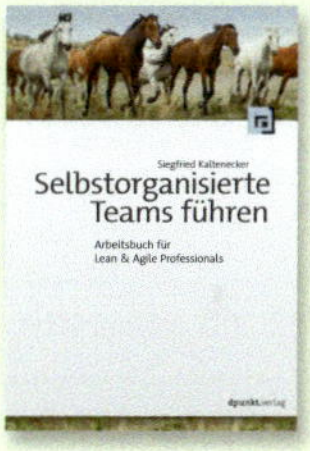

In diesem Buch geht es um die gemeinschaftliche Führung von Teams, um geteilte Managementverantwortung und den fach- und bereichsübergreifenden Unternehmenserfolg. Der Autor beschreibt, wie Führung in einem sich selbst organisierenden Umfeld funktioniert, und gibt viele Hinweise, wie die eigenen Führungskompetenzen durch den Einsatz bewährter Techniken kontinuierlich ausgebaut werden können.

2016, 244 Seiten, Broschur, € 32,90 (D)
ISBN 978-3-86490-332-8

H. Koschek · R. Dräther

Neue Geschichten vom Scrum

Von Führung, Lernen und Selbstorganisation in fortschrittlichen Unternehmen

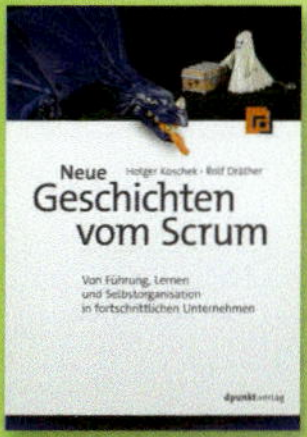

Drei Jahre nach dem Bau der besten Drachenfalle aller Zeiten hat Scrum viele Anhänger gefunden. Der Open Space beim zweiten Wieimmerländer Scrum-Treffen ist deshalb vollgepackt mit Themen – von Führung über Selbstorganisation bis Vertrauen. Und plötzlich fehlt die Truhe mit den agilen Werten!

2. Quartal 2017, ca. 350 Seiten, Broschur, ca. € 29,90 (D)
ISBN 978-3-86490-273-4

S. Kaltenecker

Selbstorganisierte Unternehmen

Management und Coaching in der agilen Welt

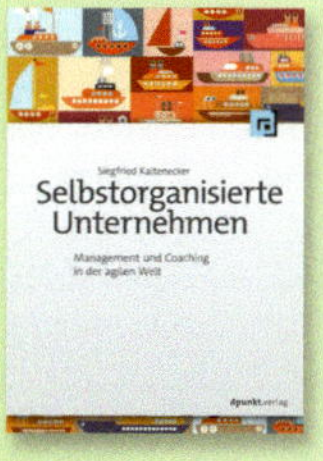

Das Buch bietet Ihnen alles, was Sie für die Gestaltung agiler Unternehmen brauchen. Es vermittelt ein solides Grundverständnis sozialer Systeme, beschreibt bewährte Prinzipien und Praktiken der Selbstorganisation und bietet eine breite Palette von Praxisbeispielen, die das Zusammenspiel von Management und Coaching veranschaulichen.

3. Quartal 2017, ca. 220 Seiten, Broschur, ca. € 32,90 (D)
ISBN 978-3-86490-453-0

A. Johannsen · A. Kramer · H. Kostal · E. Sadowicz

Basiswissen für Softwareprojektmanager im klassischen und agilen Umfeld

Aus- und Weiterbildung zum ASQF® Certified Professional for Project Management (CPPM)

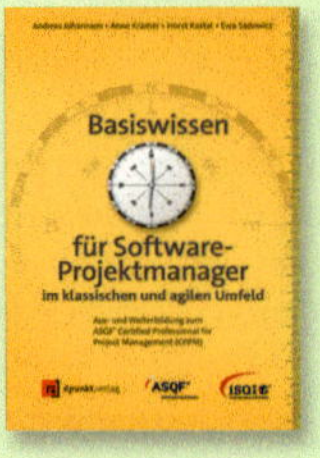

Die Autoren behandeln die zahlreichen Facetten modernen Software-Projektmanagements. Begriffe, Konzepte und Tätigkeiten spielen dabei ebenso eine Rolle wie Aspekte der sozialen Kompetenz. Das Buch umfasst den erforderlichen Stoff, um die Prüfung zum CPPM zu bestehen, und vermittelt ein solides Basiswissen zum Thema.

1. Quartal 2017, ca. 320 Seiten, Festeinband, ca. € 34,90 (D)
ISBN 978-3-86490-429-5

A. Rohrer · D. Söllner

IT-Service Management mit FitSM

Ein praxisorientiertes und leichtgewichtiges Framework für die IT

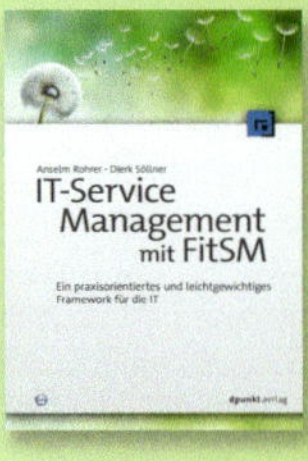

FitSM ist ein neuer Standard für pragmatisches, mit vertretbarem Aufwand umsetzbares, leichtgewichtiges IT-Servic Management. Das Reifegradmodell besteht aus 14 Prozessen und kommt mi 75 zentralen Begriffen aus. Das Buch vermittelt die Grundbegriffe und Konzepte für einen erfolgreichen Einsatz von FitSM im Unternehmen.

1. Quartal 2017, ca. 250 Seiten, Broschur, ca. € 34,90 (D)
ISBN 978-3-86490-417-2

R. Scholderer

IT-Servicekatalog

Services in der IT professionell designen und erfolgreich implementieren

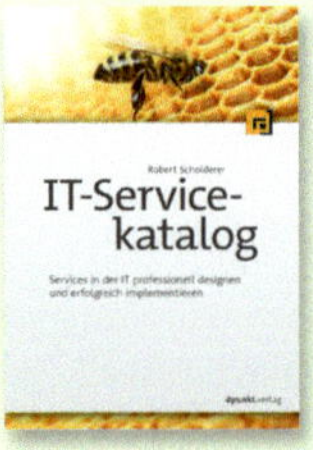

Dieses Buch bietet einen praxisorientierten Leitfaden zur Erstellung eines Servicekatalogs oder Optimierung eines bestehenden Servicekatalogs. Dabei werden auf Basis von bewährten Praxislösungen aus über 100 Servicekatalogen relevante Themen wie Servicepreis, Kennzahlen, Katalogorganisation und Orderprozesse behandelt.

1. Quartal 2017, ca. 300 Seiten, Festeinband, ca. € 42,90 (D)
ISBN 978-3-86490-396-0

R. Scholderer

Management von Service-Level-Agreements

Methodische Grundlagen und Praxislösungen mit COBIT, ISO 20000 und ITIL

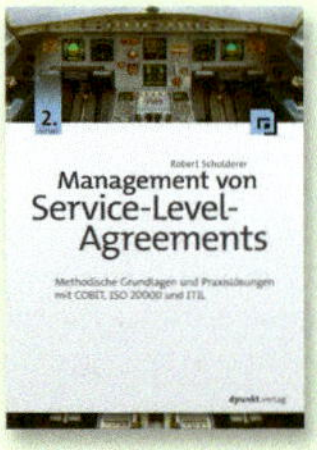

Der Autor erklärt anhand von Beispielen ausführlich, wie SLAs entworfen und überwacht werden können. Schwerpunkte bilden dabei die in der Praxis anwendbaren und belastbaren SLAs, das Monitoring von Geschäftsprozessen sowie Nachweise zur Einhaltung von SLAs. Die 2. Auflage beinhaltet u.a. ein neues Pönalenkonzept für Schadensersatzforderungen.

2., aktualisierte und erweiterte Auflage
2016, 394 Seiten, Festeinband, € 46,90 (D)
ISBN 978-3-86490-397-7

P. Neckel · B. Knobloch

Customer Relationship Analytics

Praktische Anwendung des Data Mining im CRM

Das Buch vermittelt fundierte Kenntnisse, wie das für ein erfolgreiches CRM benötigte Kundenwissen systematisch mithilfe von modernen Analyseansätzen wie Data Mining und Predictive Analytics gewonnen werden kann. Die 2. Auflage wurde komplett überarbeitet und um Themen wie Social Media, Self-Acting Data Mining sowie Big Data erweitert.

2., aktualisierte und erweiterte Auflage
2015, 440 Seiten, Festeinband, € 47,90 (D)
ISBN 978-3-86490-090-7

W. Keller

IT-Unternehmensarchitektur

Von der Geschäftsstrategie zur optimalen IT-Unterstützung

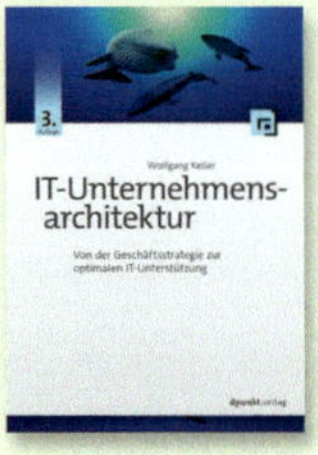

Dieses Buch stellt die Sicht eines IT-Verantwortlichen auf die Herausforderungen dar, vor denen die IT-Funktion eines Unternehmens heute steht. Es beschreibt, wie ihn IT-Unternehmensarchitektur dabei unterstützen kann, seine Aufgaben im Sinne eines modernen IT-Verantwortlichen wahrzunehmen. Die 3. Auflage wurde um Themen wie Lean/Agile EAM und EAM für den Mittelstand erweitert.

3., überarbeitete Auflage
1. Quartal 2017, ca. 430 Seiten, Festeinband, ca. € 49,90 (D)
ISBN 978-3-86490-406-6

S. Trahasch · M. Zimmer (Hrsg.)

Agile Business Intelligence

Theorie und Praxis

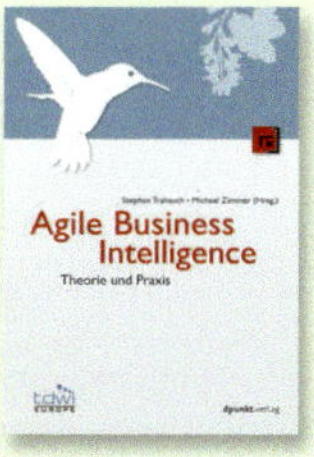

Viele Business-Intelligence-Anwendungen erfordern eine hohe Agilität, die sich durch eine Kombination aus Prinzipien, Vorgehensmodellen, Entwicklungsmethoden und Technologien verwirklichen lässt. Das Buch vermittelt Grundlagen sowie Best Practices anhand von Fallstudien zu Agile Business Intelligence.

2016, 300 Seiten, Festeinband, € 59,90 (D)
ISBN 978-3-86490-312-0

D. Apel · W. Behme · R. Eberlein · C. Merighi

Datenqualität erfolgreich steuern

Praxislösungen für Business-Intelligence-Projekte

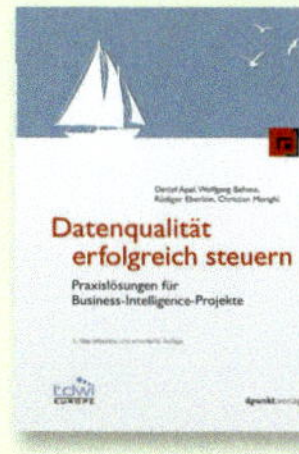

Die Autoren führen in die Grundlagen des Datenqualitätsmanagements ein und zeigen die technische Realisierung mit passgenauen Werkzeugen sowie die praktische Umsetzung in einem kompletten Zyklus eines BI-Projekts. Die 3. Auflage wurde um neue Themen wie Big Data und Datenqualität in agilen Projekten erweitert.

3., überarbeitete und erweiterte Auflage
2015, 390 Seiten, Festeinband, € 69,90 (D)
ISBN 978-3-86490-042-6

H. Stauffer

Security für Data-Warehouse- und Business-Intelligence-Systeme

Erhebung, Design und Implementierung von Sicherheitsanforderungen

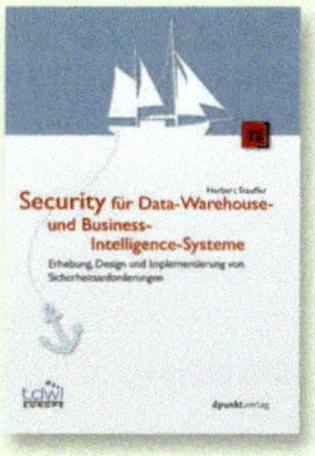

Der Autor beschreibt die Grundlagen der Security, welche Schutzziele bei BI-Projekten verfolgt werden müssen, auf welchen Ebenen Security berücksichtigt werden muss, welche Typen von Maßnahmen es gegen interne und externe Bedrohungen gibt und welche Datenschutz- bzw. regulatorischen Anforderungen zu beachten sind.

2. Quartal 2017, ca. 250 Seiten, Festeinband, ca. € 59,90 (D)
ISBN 978-3-86490-419-6

T. Gansor · A. Totok

Von der Strategie zum Business Intelligence Competency Center (BICC)

Konzeption – Betrieb – Praxis

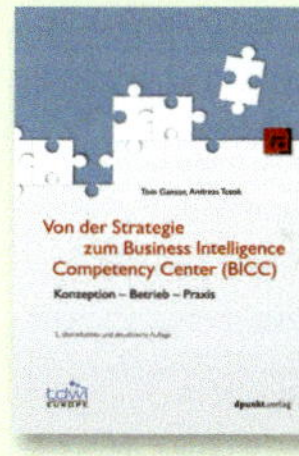

Dieses Buch stellt praktische Lösungsansätze und ein Vorgehensmodell für den Aufbau und den Betrieb eines BICC vor. Dabei werden die verschiedenen Varianten eines BICC, deren organisatorische Verankerung sowie Rollen und Aufgaben beschrieben. Die 2. Auflage vertieft neue, wesentliche Aspekte des BICC wie Big Data, Mobile BI, Agile BI und Visual BI.

2., überarbeitete und aktualisierte Auflage
2015, 446 Seiten, Festeinband, € 69,90 (D)
ISBN 978-3-86490-043-3

J. Kohlhammer · D. U. Proff · A. Wiener

Visual Business Analytics

Effektiver Zugang zu Daten und Informationen

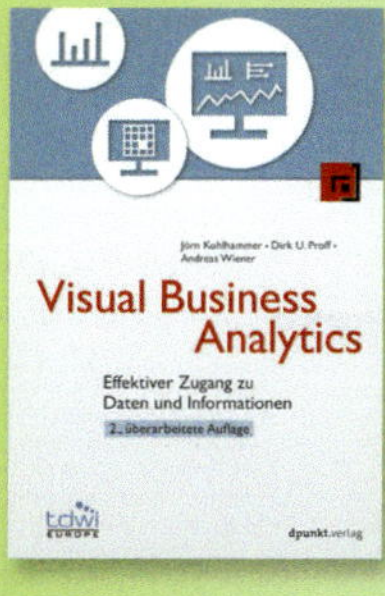

Die Autoren bieten einen praxisnahen Überblick über Visual Business Analytics mit seinen drei Teilgebieten: Information Design, Visual Business Intelligence und Visual Analytics. Anwendungsbeispiele mit aktuellen Business-Intelligence-Werkzeugen im Bereich Visual Analytics und ein Blick in die Forschung runden das Buch ab.

2., überarbeitete Auflage
1. Quartal 2017, ca. 232 Seiten, Festeinband, ca. € 69,90 (D)
ISBN 978-3-86490-410-3

L. Betz · T. Widhalm

Icinga 2

Ein praktischer Einstieg ins Monitoring

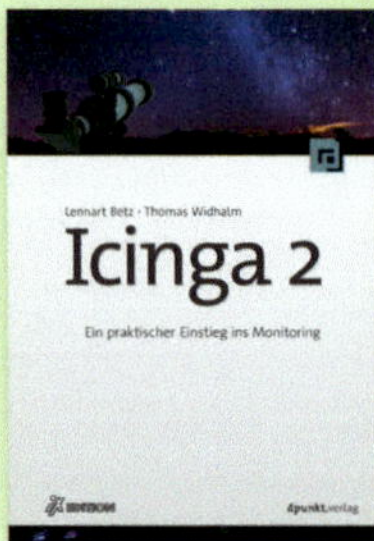

»Icinga 2« gibt eine umfassende Einführung in das Monitoringprodukt, das in Version 2 mit vielen Verbesserungen aufwarten kann. Dabei zeigt es Umsteigern und Monitoring-Neulingen praxisnah, wie eine Umgebung aufgebaut und Schritt für Schritt immer umfangreicher und umfassender gestaltet wird.

2016, 350 Seiten, Broschur, € 36,90 (D)
ISBN 978-3-86490-333-5

Neuauflage zur aktuellen Zertifizierung

W. Odom

Cisco CCENT/CCNA ICND1 100-105

Das offizielle Handbuch zur erfolgreichen Zertifizierung

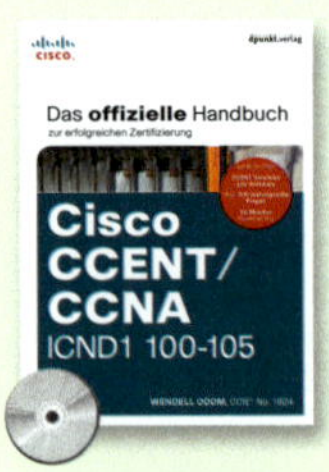

Dieses Buch ist die einzige offiziell von Cisco anerkannte Lektüre zur Vorbereitung auf das neue ICND1-Examen zum CCENT/CCNA. Dank wertvoller Hinweise und Tipps zur Vorbereitung und der Prüfungssimulation auf DVD können Sie Ihr Wissen in Theorie & Praxis vervollkommnen und so die Prüfung im ersten Anlauf bestehen.

1. Quartal 2017, ca. 1000 Seiten, Festeinband, mit DVD, ca. € 59,90 (D)
ISBN 978-3-86490-431-8

W. Odom

Cisco CCNA Routing und Switching ICND2 200-101

Das offizielle Handbuch zur erfolgreichen Zertifizierung

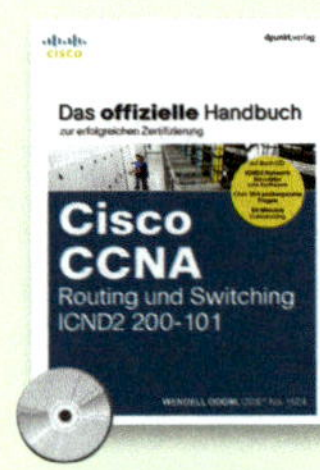

Dieses Buch ist die einzige offiziell von Cisco anerkannte Lektüre zur Vorbereitung auf das ICND2-Examen zum CCNA. Dank wertvoller Hinweise und Tipps zur Vorbereitung und der Prüfungssimulation auf CD können Sie Ihr Wissen in Theorie und Praxis vervollkommnen und so die Prüfung im ersten Anlauf bestehen.

Übersetzung der 2. amerikanischen Auflage
2014, 784 Seiten, Festeinband, mit CD, € 59,90 (D)
ISBN 978-3-86490-110-2

E. Glatz

Betriebssysteme

Grundlagen, Konzepte, Systemprogrammierung

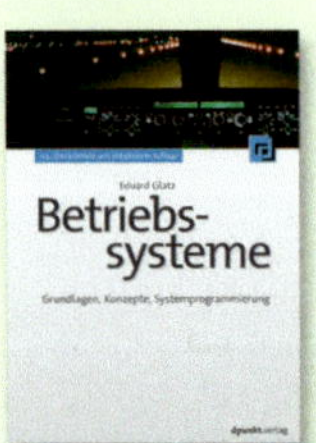

Dieses Buch bietet eine umfassende Einführung in die Grundlagen der Betriebssysteme und in die Systemprogrammierung. Im Vordergrund stehen die Prinzipien moderner Betriebssysteme und die Nutzung ihrer Dienste für die systemnahe Programmierung. Die 3. Auflage ist in zahlreichen Details überarbeitet. Die neuen Kapitel »Mobile Betriebssysteme« und »Virtualisierung« greifen aktuelle Entwickungen auf.

3., überarbeitete und aktualisierte Auflage
2015, 718 Seiten, Festeinband, € 42,90 (D)
ISBN 978-3-86490-222-2

T. Kramm

Monitoring mit Zabbix: Das Praxishandbuch

Grundlagen, Skalierung, Tuning und Erweiterungen

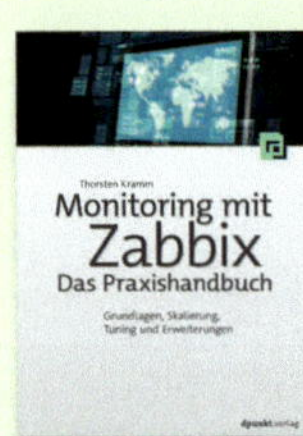

Zabbix bietet seit mehr als 10 Jahren eine Monitoring-Lösung für den Unternehmenseinsatz. In diesem Praxisbuch erfahren Sie alles über Monitoring mit Zabbix. Neben den Grundlagen werden auch die Spezialthemen wie Skalierung, Tuning und Erweiterung von Zabbix erläutert.

2016, 432 Seiten, Broschur, € 38,90 (D)
ISBN 978-3-86490-335-9

M. Spreitzenbarth

Mobile Hacking

Ein kompakter Einstieg ins Penetration Testing mobiler Applikationen – iOS, Android und Windows Mobile

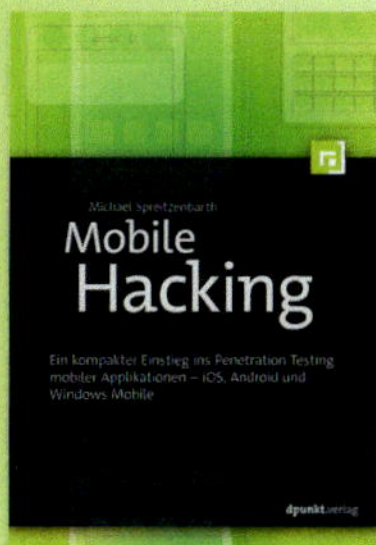

Am Beispiel aktueller Betriebssysteme erhalten Sie hier einen umfassenden Einblick ins Penetration Testing von mobilen Applikationen. Sie lernen typische Penetration-Testing-Tätigkeiten kennen und können nach der Lektüre Apps der großen Hersteller untersuchen und deren Sicherheit überprüfen.

2017, 240 Seiten, Broschur, € 29,90 (D)
ISBN 978-3-86490-348-9

J. Seitz

Mehr Hacking mit Python

Eigene Tools entwickeln für Hacker und Pentester

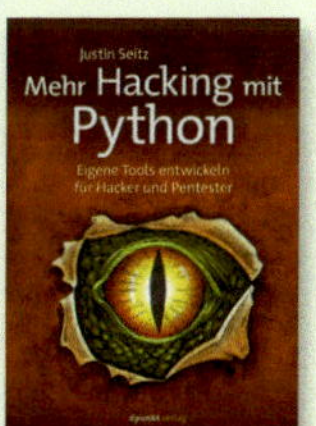

Die besten und effizientesten Hacking-Tools schreibt man selber, und zwar in Python. Aber wie? Das beschreibt Justin Seitz in seinem Buch zur »dunklen Seite« von Python. Er zeigt Ihnen, wie Sie Network Sniffer schreiben, Pakete manipulieren, virtuelle Maschinen infizieren u.v.m.

2015, 182 Seiten, Broschur, € 29,90 (D)
ISBN 978-3-86490-286-4

N. Dhanjani

IoT-Hacking

Sicherheitslücken im Internet der Dinge erkennen und schließen

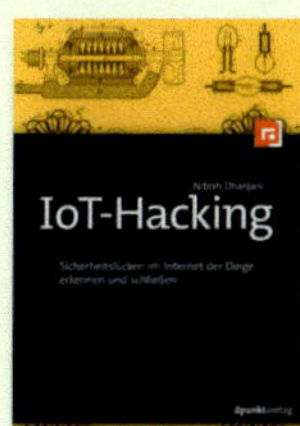

Sie erstellen Anwendungen für Geräte, die mit dem Internet verbunden sind? Dann unterstützt Sie dieser Leitfaden bei der Erkennung und Behebung von Sicherheitslücken – mit echten und lehrreichen Beispielen aus der Heimautomatisierung und dem Automobilbereich.

2016, 302 Seiten, Broschur, € 34,90 (D)
ISBN 978-3-86490-343-4

M. Messner

Hacking mit Metasploit

Das umfassende Handbuch zu Penetration Testing und Metasploit

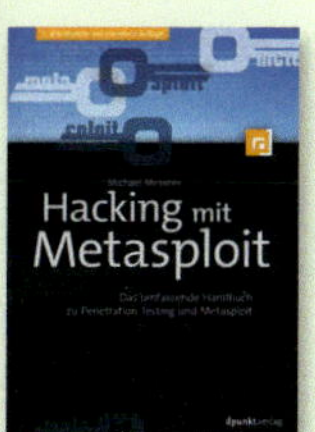

Sicherheitsexperte Michael Messner erklärt Ihnen typische Pentesting-Tätigkeiten und zeigt, wie man mit Metasploit komplexe, mehrstufige Angriffe vorbereitet, durchführt und protokolliert. *»Eine gelungene Einführung, die auch für Leser mit Vorkenntnissen interessant ist.« (Linux Magazin)*

2., aktualisierte und erweiterte Auflage
2015, 586 Seiten, Broschur, € 46,90 (D)
ISBN 978-3-86490-224-6

K. Schmeh

Kryptografie

Verfahren, Protokolle, Infrastrukturen

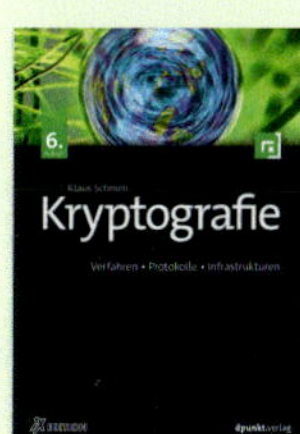

Das Grundlagenwerk beschreibt alle relevanten Verschlüsselungs-, Signatur- und Hash-Verfahren in anschaulicher Form. Es geht auf kryptografische Protokolle, Implementierungsfragen, Sicherheits-Evaluierungen, Seitenkanalangriffe sowie Public-Key-Infrastrukturen (PKI) und Netzwerkprotokolle ein.

6., aktualisierte Auflage
2016, 944 Seiten, Festeinband, € 54,90 (D)
ISBN 978-3-86490-356-4

L. Valk

LEGO®-EV3-Roboter

Bauen und programmieren lernen mit LEGO® MINDSTORMS® EV3

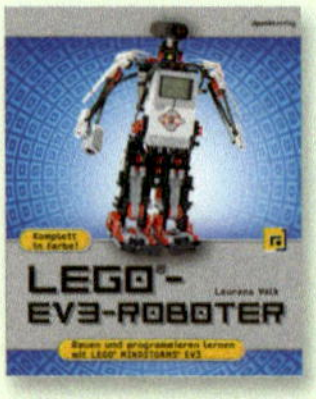

»LEGO-EV3-Roboter« ist der ideale Einstieg in das EV3-Kit von LEGO. Bestseller-Autor Laurens Valk vermittelt die Grundlagen der Programmierung und Robotik und zeigt, wie man leistungsfähige Roboter baut und programmiert, die sich bewegen und mit Sensoren auf ihre Umwelt reagieren. Mit fünf neuen Modellen!

2015, 394 Seiten, Broschur, € 27,90 (D)
ISBN 978-3-86490-151-5

K. Dembowski

Smartphone- und Tablet-Hacks

Mess-, Steuer- und Kommunikationsschaltungen selbst gebaut und programmiert

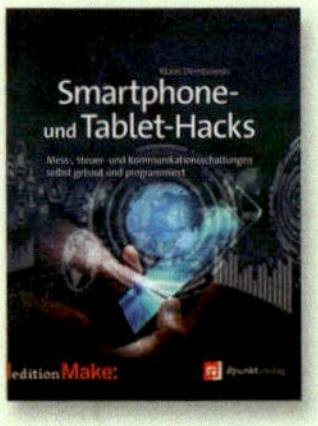

Bei Smartphones und Tablets fehlen frei programmierbare I/O-Ports für di Ankopplung eigener Applikationen. In diesem Buch wird gezeigt, wie sich diese aufbauen und programmieren lassen. Weiter geht es um einfache Interface-Technik, etwa um Geräte re mote zu steuern, sowie um Sensoren

2017, 274 Seiten, Broschur, € 24,90 (D)
ISBN 978-3-86490-423-3

N. Morgan

JavaScript kinderleicht!

Einfach programmieren lernen mit der Sprache des Web

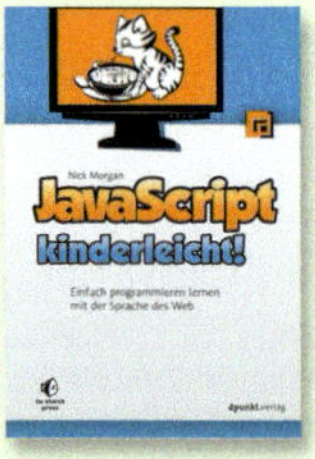

JavaScript ist die Programmiersprache des Internet, die geheime Zutat, die deine Lieblingssites so fantastisch macht und Online-Spiele zum Laufen bringt! Mit dem Buch erlernst du mit Schritt-für-Schritt-Anleitungen und witzigen Abbildungen ganz entspannt und locker das Einmaleins der Programmierung.

2015, 304 Seiten, Broschur, € 24,90 (D)
ISBN 978-3-86490-240-6

C. Richardson

Python programmieren lernen mit Minecraft

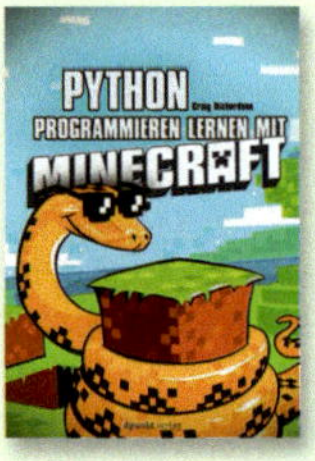

Mit diesem Buch lernst du spielend leicht zu programmieren – in Minecraft und mit der Programmier- sprache Python. Dazu brauchst du n einen Windows-PC, Mac oder einen Raspberry Pi und einen Internet-Anschluss. In jedem Kapitel lernst du mehr über das Programmieren und wendest es direkt in Minecraft an – vom Teleportieren bis zum Bau ganz Städte!

2016, 392 Seiten, Broschur, € 24,90 (D)
ISBN 978-3-86490-373-1

A. Sweigart

Scratch spielend programmieren

Programmieren lernen und coole Spiele entwickeln

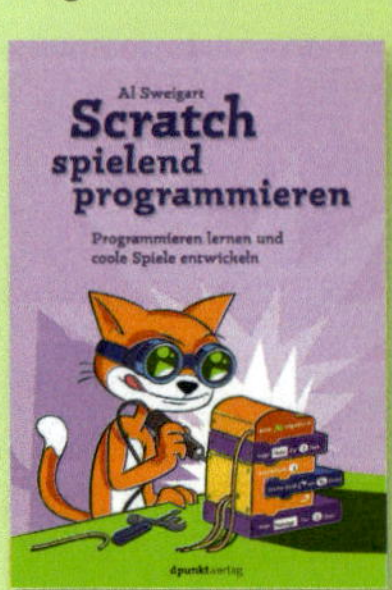

Programmieren lernen sollte nicht dröge und langweilig sein. Mit diesem Buch entwickeln Grundschüler und Programmieranfänger mit der grafischen Programmiersprache Scratch ihre eigenen Computergames. Auf diese Weise erlernen sie spielerisch Grundzüge der Programmierung.

1. Quartal 2017, ca. 296 Seiten, Broschur, ca. € 22,90 (D)
ISBN 978-3-86490-447-9

C. Krachten · C. Hengholt

YouTube

Spaß und Erfolg mit Online-Videos

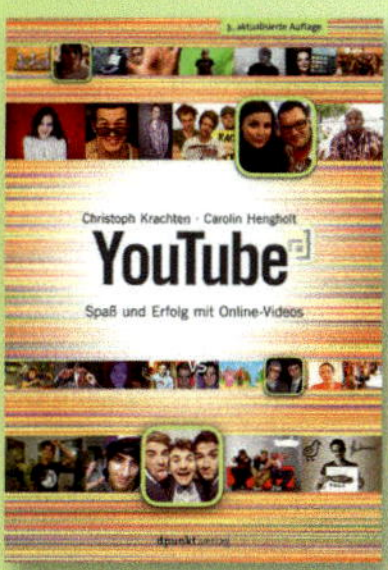

Hier findet ihr Antworten auf alle technischen und inhaltlichen Fragen bei der Videoproduktion. Neulinge erhalten einen Crashkurs für den Dreh (Perspektive, Beleuchtung etc.). Die Drittauflage beschreibt das aktuelle YouTube und präsentiert die populärsten Kanäle und derzeit erfolgreichsten YouTuber.

3., aktualisierte Auflage
2. Quartal 2017, ca. 240 Seiten, Broschur, ca. € 19,95 (D)
ISBN 978-3-86490-269-7

J. Santa Maria

Webtypografie

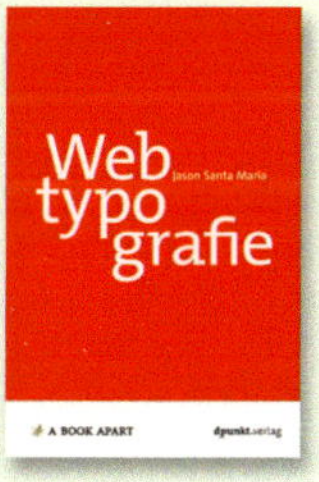

Präzise und auf den Punkt vermittelt Jason Santa Maria typografisches Grundwissen, übertragen auf das Web: Schriften erkennen, auswählen und kombinieren, Fallback-Lösungen, flexible Gestaltung der Webseite. Er zeigt, wie Sie mit Typografie Ihr Design prägen und ein angenehmes Leseerlebnis schaffen.

2016, 160 Seiten, Broschur, € 19,95 (D)
ISBN 978-3-86490-276-5

M. Montero-Pineda · S. Herkert

XSL-FO - Die Referenz

Alle Elemente und Eigenschaften mit Erklärungen und Praxisbeispielen

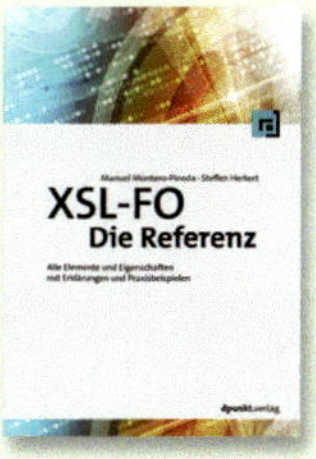

Die Publikation richtet sich sowohl an den bereits erfahrenen Nutzer als auch den Einsteiger in XSL-FO. Durch die umfassende Kommentierung, die weitestgehend durch Beispiele und Codeabschnitte unterfüttert wird, ist dieses Werk sehr praxisnah gehalten.

2017, 3588 Seiten, E-Book, € 79,99 (D)
ISBN 978-3-96088-111-7 (PDF)

Weitere Titel zum Thema Zeichnen:
www.dpunkt.de/s/zeichnen

A. Weiss

Sketchnotes & Graphic Recording

Eine Anleitung

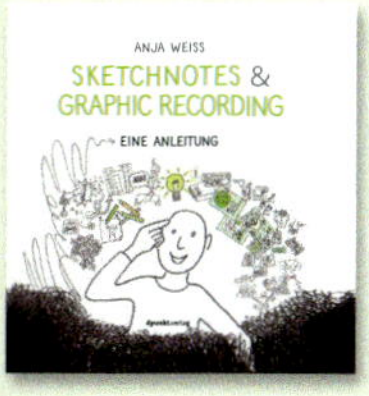

Visuell erfassen, festhalten, lernen, präsentieren – diese Anleitung führt vom einfachen Basisbildvokabular über die Umsetzung komplexer Themen in Bilder bis hin zum grafischen Verlaufsprotokoll in Wandgröße. Mit zahlreichen Beispielen, Anregungen, Übungen und Tipps zum simultanen Zeichnen vor Publikum.

2016, 206 Seiten, Festeinband, € 26,90 (D)
ISBN 978-3-86490-359-5

G. Reynolds

ZEN oder die Kunst der Präsentation

Mit einfachen Ideen gestalten und präsentieren

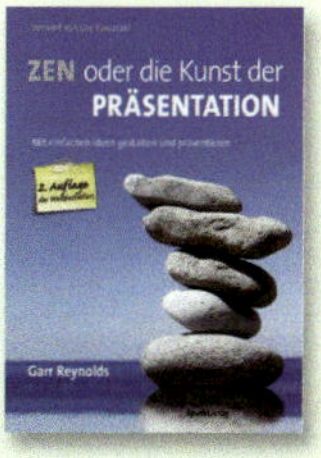

In seinem Klassiker zur Vortragskunst beweist Garr Reynolds, dass man sein Publikum mit klarer Darstellung und guten Geschichten am besten erreicht. Er verbindet seine Argumente mit den Lehren des Zen und weist damit den Weg zu Präsentationen, die das Publikum annimmt, erinnert und ... beherzigt.

2. Auflage
2014, 312 Seiten, Broschur, € 29,90 (D)
ISBN 978-3-86490-117-1

dpunkt.verlag

Wieblinger Weg 17
69123 Heidelberg
fon 0 62 21/14 83 0
fax 0 62 21/14 83 99
hallo@dpunkt.de
www.dpunkt.de